—— Un corazón renovado

Un corazón Renovado
© 2023 Dulce Ramirez
Editorial Plenitud Total

INDICE

Un corazón renovado

Agradecimiento

Primeramente quiero agradecer a Dios enormemente por mi vida. por haberme guiado, inspirado y acompañado . A realizar este sueño que estaba escondido y que se daba por perdido. Estoy tan agradecida por que en sus manos nada esta perdido. sus promesas y nuestros deseos de nuestro corazón solo llegan justo a tiempo.

A mi amado esposo Jesus Guerrero por ser muy paciente y comprensivo por su gran apoyo incondicional a todas mis aventuras y locuras, que sin pensarlo me dice como tu quieras hermosa, por dejarme ser yo misma ayudándome a sacar la mejor versión de mi. Gracias amor por todo.

A mis hijos por ser mi motor, motivándome a seguir creciendo y desarrollándome como persona para ser mejor para ellos. Por ser mi fuerza para no rendirme. Por sacrificar el tiempo que les pertenecía. Pasando yo ese tiempo escribiendo. Gracias mi niños los amo.

A mi hermosa madre Teresa Ochoa de Ramirez por tenerme siempre en tus oraciones gracias por sembrar esa semilla en mi corazón de servir a Dios a pesar de cualquier circunstancia. Gracias por modelarme una fe bien plantada y arraigada. Te amo mami, soy lo que soy ahora gracias a ti y por que nunca te rendiste.

A mi maestro Dr. Benjamin Sanchez por impulsarme y apoyarme en cumplir esta gran meta y a su linda esposa Irma Sanchez por siempre prepararnos un refrigerio y cafecito se les agradece de corazón.

A toda mi familia y amigos que nos animaron y apoyaron con palabras de motivación y acompañamiento les agradesco profundamente.

Dedicatoria

En Memoria

Gustavo Ramirez
Mayo 21, 1956 - Diciembre 26, 2020

A mi padre por ser la mayor inspiración en mi vida. Que a pesar de vivir una vida difícil donde sufrió abandono en su infancia jamas bajo la guardia por nosotros convirtiéndose en el mejor guerrero cambiando su historia.(QPD)

Dedico a todas aquellas personas valientes que se pusieron de pie y no se quedaron sentados lamiéndose las heridas. Si no que se pusieron de pie para sanar y vivir un presente exitoso.

A ti que has pasado por momentos difíciles en tu vida, experimentando perdidas, decepciones y obstáculos. Pero sin embargo eliges no quedarte atrapado en tu recuerdos dolorosos, si no que decides fortalecerte y construir un presente grandioso.

Introducción

En esta historia en estos 15 capítulos te platico de dolor y victoria. Escribió con lagrimas de tristeza y alegría de lo mas profundo de mi corazón.

Esperando que te inspire y te anime a tomar acción para que vivas un presente mejor, dejando tu pasado atrás dandole un nuevo ignificado. Solo tu puedes tomar la iniciativa y valor para cambiar tu historia.

Un corazón renovado

CAPÍTULO 1

"Sanarte y Encontrarte Solo En Dios Lo Podrás Lograr, Obteniendo salvación Y Transformación."

HERIDA Y PERDIDA

En el transcurso de la vida a veces no meditamos si nuestra forma de vivir y como somos como personas es algo usual. Sin cuestionar el porque somos lo que somos? Entre mas nos acercamos ala adultez vamos tomando conciencia de nuestra vida y nos preguntamos, si vivir de esta manera será adecuado. Nuestras actitudes, personalidad y forma de ser se va formando con el tiempo por medio de las experiencias que vamos acumulando de nuestra niñez hasta llegar ala edad adulta.

Vengo de un hogar Cristiano y somos cinco hermanas y tres hermanos, mi padre Gustavo Ramirez (QPD) fue un hombre trabajador y un guerrero que a pesar de haber tenido una infancia difícil siempre trato de luchar por su familia viviendo siempre en fidelidad a Dios hasta sus últimos días, mi madre Teresa Ochoa una mujer amante de la palabra de DIOS y consagrada ala oración, nos encamino siempre por el buen camino.

Mi niñez como recuerdo fue bonita en mi memoria solo encuentro lindos recuerdos y momento hermoso de como vivía con mi familia. Mi optimismo es unas de mi virtudes, a pesar de cualquier circunstancia siempre trato de ver el lado bueno de cualquier situación, Pero eso no significa que en mi niñez no vivi momentos no agradables haciéndome heridas, hiriendo mi interior. mi perspectiva de la vida era diferente ala de un adulto, Quizás iba bloqueando toda situación dañina para protegerme en mi niñez? Las heridas van marcando nuestras vidas manifestándose en la edad adulta y te preguntaras como podemos darnos cuenta de eso? El comportamiento de tu persona o como nos comunicamos o nos relacionamos con los demás es mas que suficiente para saberlo.

Tomamos responsabilidades que no nos corresponden, no podemos marcar limites , no podemos decir no sea cual sea la situación. Aguantamos relaciones no saludables y vamos por la vida complaciendo alas personas mas cercanas sin imaginar cuanto daño nos hacemos. Y yo era una de ellas con todas esas características. Entre mas crecía mis heridas iban marcando mi vida hasta perderme de mi misma, tenia una vida desordenada sin ningún propósito y sin dirección, sentirme pérdida fue llenado mi vida de eres de la vida a un a corta edad pensando que mi situación mejoraría. Sin imaginar que esa sensación de vacío jamas cambiaria. Mi interior estaba destrozado no podía tomar decisiones correctas era tan abrumador. Pero como una niña creciendo en un hogar cristiano pudo pasar todo esto de esta manera no tiene sentido, a veces creemos que tener unos padres cristianos estamos aptos del sufrimiento o de ser heridos y no es como imaginamos, como seres humanos estamos expuestos al sufrimiento y al dolor.

La mayoría de los padres aman y crian a sus hijos de la misma manera como ellos fueron amados y criados. sin darse cuenta van hiriendo de alguna manera inconscientemente a esos pequeños niños.

Si vivir una vida llena de heridas y sufrimiento no es lo que deseas te tengo una excelente noticia hay esperanza para ti como toda herida hay alguien que solo puede limpiar, sanar y vendar todas aquellas heridas que con el tiempo traes arrastrando hasta el día de hoy. Eso te lo contare al fin de algunos capítulos de este libro.

CAPÍTULO 2

MIS PADRES

Cuando nuestro padres van formándonos y criándonos. Nos crian de acuerdo ala manera de como fueron formados y ala manera que ellos creen correcta . Ellos desean siempre lo mejor para nosotros, independiente del o que hayamos sido como hijos. Pero no lo entendemos hasta que llegamos a ser padres. Experimentando algunas o similares cosas en la hora de criar a nuestros propios hijos. Mi padre Gustavo Ramirez un hombre fuerte, guerrero, generoso y con un gran corazón y un poco gruñón.

Nació en Reynosa Tamaulipas en el año 1956. En su nacimiento a unas pocas horas de nacido fue dado en adopción por su madre Guadalupe Jaramillo a su hermano Francisco Ramirez y a su esposa Francisca Ramirez. Ellos no podían ser padres aunque eso no fue el único motivo por quien mi abuela Lupe lo dio en adopción. Fue un momento difícil para mi abuela , separarse de el, pero como su situación era difícil en ese momentos no tuvo opción. No contaba con recursos necesarios económicamente ni con el apoyo del padre, generándole angustia tomando una difícil decisión.

Mi padre se crio en Reynosa hasta la edad de 18 años con mis abuelitos Francisco y Francisca. Ellos fueron los que se encargaron de verlo crecer hasta esa edad. Supliendo cada una de sus necesidad básicas. Mi abuelo como me contaba mi padre era un hombre autoritario, de fuerte temperamento y rígido. Lo disciplinaba de una manera dura. No tenia conocimiento de la palabra de Dios. Si no que vivía de acuerdo a sus creencias y conocimiento.

Sabemos que vivir de acuerdo a nuestro entendimiento fuera del camino y propósito de Dios no es fácil. Así Paso años difíciles en su infancia junto a mi abuelo. Mi abuela era una persona diferente, era apacible y cálida. En lo que fue un gran apoyo para mi padre cuando pasaba momento duros. Cuando la vida de mi padre cambio por completo fue cuando mi abuelo tuvo un encuentro

con Dios entregándole su vida a el.
Transformando su vida para bien. Dios
obra y trabaja de una manera inexplicable ahora se cual fue el propósito de
Dios en la vida de mi padre al momento
de darlo en adopción. Fue como a travez
de mi abuelo mi papa iba a conocer a
DIOS. Empezaron asistir a una iglesia
apostólica donde se reunían como familia. A los 18 años mi papa empezó a
predicar, visitando varias iglesias.
Cuando invitaron a mi padre en la
cuidad de nuevo progreso Tamaulipas a
una iglesia bajo una carpa donde se lle-
varía acabo un culto.

Mi mamá Teresa Ochoa una mujer fiel,
paciente, dedicada a su familia. Nació en
el estado de Guerrero en un pueblito
llamado Las Latas, en el año 1954. Vivía
junto sus padres Paulo Ochoa y Alberta
Ochoa. Ese tiempo mi madre me cuenta
que la situación económica era difícil
por lo que mi abuelo decidió venirse a
trabajar a nuevo progreso Tamaulipas
donde estuvo por vario tiempo era muy
difícil para mi madre estar sin su padre a

su lado. Por supuesto que lo era si apenas era una niña.

Después de varios años el hermano de mi mamá; Balbino. Fue a buscar a mi abuelo Paulo. Ya era mucho tiempo sin verlo. Y por que también no podía con la responsabilidad de la familia que le había dejado mi abuelo, era muy pesado para el. Cuando se encontró con mi abuelo. Mi abuelo tomo una decisión de traer a toda la familia junto a el. A Nuevo Progreso Tamaulipas. Pasaron los años ala edad 20 años mi mama asistió a una carpa donde se hacia antes los cultos con mi abuela Alberta fue ahí donde conoció a mi padre Gustavo. El iba estar asistiendo por varios días y cual fue su sorpresa que se tuvo que quedar por mas tiempo por que había quedado flechado por una linda y hermosa mujer mi madre.

Recuerdo que mi mama me contaba que mi tía Celia su hermana le decía que mi papa la miraba por un florero que estaba frente a ella cercas donde dirigían el culto. Y ella le contestaba con una expresión molesta diciéndole, "ni que me hable, por que le voy a decir que no." Ese tiempo mi papa aparte de predicar también tocaba la guitarra y el podía mirar todo desde arriba.

Un día mi papa decidió hablarle a mi mamá para platicar con ella así se estuvieron conociendo por unos días hasta que mi padre se animo para preguntarle que si quería ser su novia, la que había dicho que iba decir que No! sin pensarlo dijo que Si! Fue muy gracioso cuando me contaban la historia me daba mucha risa. Ala edad de 19 años mi papa y mi mama a los 21 años se casaron quedándose a vivir en Nuevo Progreso Tamaulipas. Empezaron la vida de casado rentando.

Después de un tiempo se hicieron de un solar y una casa. Formando una familia de 8 hijos, Teresa,Carolina,Gustavo Jr (QEP), Marisol, Dulce Judith, Ezequiel, Perla y Abel.   Eramos una familia grande por lo que mi padre tenia que trabajar duro. Trabajando en Estados Unidos en el estado de Luisiana, solo iba por cinco meses a trabajar en una bodega de caña y los demás meses se quedaba junto a nosotros a descansar. Cuando el se iba nosotros nos quedábamos al cuidado solamente de nuestra madre Teresa. A veces teníamos de costumbre visitar a Estados Unidos amigos de nuestros padres como todos teníamos visa, solamente mi padre era residente.

Uno de sus amigos le comentaron si les gustaría venirse a vivir a estados unidos ellos les rentarían una pequeña casa que tenia enseguida de su hogar. Mis padres tomaron la decisión de venirnos pensando que aquí tendríamos una mejor manera de vivir. Nos mudamos a estados unidos ala ciudad de Elsa Texas en el año 1995. Mis padres nos inscribieron a mis hermanos y a mi ala escuela. Estaba en tercer grado. Solo una de mis hermanas no pudo asistir a la escuela fue la mayor Teresa, ella se había casado a los 16 años. Y se había quedado a vivir en Nuevo Progreso Tamaulipas.

En el año 1996 el 21 de April nos cambio la vida para siempre a todo la familia. Paso una accidente muy trágico mi hermano Gustavo Jr. había asistido a un carnaval a pie con su amigo Paco en la Junior High donde ellos estudiaban de regreso a casa fue atropellado por un automóvil perdiendo la vida instantáneamente a la edad de 15 años. Fue devastador para mis padres cuando recibieron esa desgarradora noticia.

Perder un hijo fue tan doloroso para ellos y la familia pasamos un proceso muy duro y doloroso en la perdida de mi hermano desde ese momento fue como si una parte de mis padres murió también ese día. El culpable de la muerte de mi hermano Gustavo no fue arrestado fue como si no fuera sucedido nada. no se pudo hacer justicia aunque se investigo no se pudo resolver . No recuerdo muy bien los detalles, solo se que lo tomaron como un accidente. Por lo que mis padres no pudieron hacer nada solo dejaron todo en las manos de Dios.

Después de pasar todo lo que vivimos
nos mudamos a otra casa en la ciudad de
Edcouch Texas. Solo estuvimos unos
cuantos meses viviendo en esta ciudad,
cuando mi papa tomo la decisión de
regresar a Mexico a Nuevo Progreso
donde todavía teníamos nuestra casa.

"La realidad es que nadie
Muere, si no permanece en
tu corazon y memoria."

CAPÍTULO 3

DEPRESIÓN

En 1999 una de mis prima por parte de mi madre le propuso si yo podría ayudarle con el cuidado de su hijo. Solo mi mama podía tomar esa decisión en la casa por que mi padre no estaba en ese momento, estaba trabajando fuera. Cuando mi madre me comento acerca de la propuesta; me emocione ¿como no? si apenas era una adolescente de 14 años! que vivía en Mexico en la ciudad de Nuevo Progreso, Tamaulipas. Era imposible no emocionarse el hecho de regresar a vivir en Estados Unidos era como un sueño.

La sociedad mexicana le llama "Sueño Americano" quizás por lo que había escuchado de niña y por que ya había experimentado el vivir aquí. Soñaba con regresar a vivir a este país. Deseaba una vida diferente. Sabemos que la situación económica en Mexico es difícil, el salario de tu trabajo no es tan razonable si no terminaste tus estudios o una carrera. A esa edad se anhela tanta cosa y mas si vienes de una familia que solo podía cubrir solo las necesidades básica.

La decisión de mi madre y mía fue de inmediata sin pensar lo que pudiera pasar. Llegue a Estados Unidos me ínstale en la casa de mi tía donde pasaríamos la noche para al otro día tomar nuestro destino ala ciudad de Houston, Texas donde residía mi prima, no contaba que unas de mi hermanas me contactaría a mi llegada esa tarde, la llamada cambio mi pensamiento de inmediato, pronto sentí una sensación extraña, escucharla me emociono tanto, mis lagrimas empezaron a salir me sentí tan vulnerable tenia meses de no verlas, mis hermanas Carolina y Marisol se habían venido a vivir a Estados Unidos. De pronto ese deseo de irme con mi prima desapareció ¿solo quería irme con ellas, quizás? por que a su lado me sentía segura y protegida, de algún modo logramos estar juntas.

Ese mismo año no tardo mucho que mis papas y mis otros hermanos se vinieran a reunir con nosotras, mi papa rento una casa aquí en la ciudad de Elsa ,Texas estábamos junto como familia y eso me hacía feliz.

En el año 2000 a mis 15 años de edad mis padres nos inscribieron en la escuela a mis hermanos y a mi , empezamos el año escolar. Y yo estaba asustada y nerviosa por supuesto que lo estaría no hablaba el idioma ingles. Pasaron los meses y me fui adaptando. Empece a relacionarme haciendo amistades y amigos. Me involucré en algunas actividades deportivas empece a jugar futbol, es uno de mis deportes favoritos.

A mis 16 años empece una relación sentimental sin poder imaginar lo que pasaría, transcurrieron tres años de noviazgo todo iba de maravilla eso es lo que yo creía. No me di cuenta que tenia apego ansioso y dependencia emocional hasta que cumplimos cuatro años. Nuestra relación llego a su final no se si por que ya estaba hablando con otra mujer o ya se había cansado de mi. Y en ese preciso momento fue cundo empezó todo. En el año 2004 entre en una profunda depresión mis ganas de vivir se habían esfumado, mi vida no fue la misma , no le encontraba sentido a nada. pase un proceso difícil junto a mis padres, mis últimos días escolares estaba encerrada en mi habitación pasando días y noches llorando no quería ver a nadie.

No podía comprender por que ese dolor me atormentaba de esa manera solo mis pensamientos se dirigían a esa persona, es difícil si pasamos por un proceso de perdida y desilusión, y no contar con conocimientos y herramientas adecuadas de esta enfermedad. El apoyo de mis padres fue de mucha ayuda en esos momentos, me acompañaron ayudándome en todo lo que podían, su falta de conocimiento de esta enfermedad mental que padecía, los agobiaba, ver a su hija en esa situación y no saber que hacer era muy frustrante para ellos.

Mi papa como pudo fue a buscar a mi ex pareja no se ¿si para que hablara conmigo? pensando que eso me ayudaría y me calmaría. Pero no pudo contactarse con el, verme sufrir así le dolía mucho.

Pasar por una depresión es algo que no imaginaba que me sucediera, desarrolle un desorden alimenticio mi estado depresivo fue disminuyendo mi apetito, pasaba días sin comer, bajando de peso, sufrí mucho y no encontraba consuelo, no había mejoría hasta después de dos meses. Mi ex pareja se contacto conmigo, volvimos a relacionarnos, me ayudo un poco pero no completamente. ¿Como pude tomar esa decisión después que te demostraron indiferencia, poco interés y donde hubo profundas heridas, volver a donde mismo?

Cuando emocionalmente no estas bien no puedes tomar desiciones correctas o razonables.

En Junio de ese mismo año unos primos por parte de mi papa nos invitaron a mi hermano y a mi, a Washington State para trabajar en la labor, pero no tomamos la decisión después de varios días. Decidimos que si, irme para ese lugar fue de muchas ayuda me sirvió como terapia distanciarme de aquí, fue lo mejor.

Hoy en día existen muchos casos tocante este tema y que a veces por no atenderse llegan al suicidio. Es aconsejable que tomemos conciencia y pidamos ayuda si pasamos por un caso similar como el mio. No dudemos en pedir ayuda a profesionales de la salud mental.

No podemos jugar con nuestra vida de esta manera tan peligrosa. Doy gracias a DIOS y mis padres por el consejo y acompañamiento no llegue al suicidio la tabla de los suicidios en estos días es muy alta en un estado depresivo crónico.

CAPÍTULO 4

"Tener Decisiones claras, Nos Llevaran A
Tener Mejores Decisiones"

DECISIONES

Cuando se llego el momento de ir a trabajar En la labor en el Broccoli en el estado de Washington fue perfecto para mi. Ya que estaba pasando una situación difícil de manejar. Mi hermano Ezequiel y yo preparamos la maletas y nos alistamos. Mis primos nos esperarían allá, solamente teníamos que irnos por nuestra propia cuenta.

Mi papa nos llevo hasta Victoria Texas y allí tomaríamos un autobús con destino a Washington state, cuando llegamos a Victoria Texas nos despedimos de mi padre. Nos preparamos para comenzar nuestro viaje, tuvimos varias paradas en el camino la primera fue en Austin, llegamos en la noche la vista era espectacular se miraba llena de luces y altos edificios de allí tomamos otro autobús rumbo al estado de Colorado pasamos por varios estados parándonos en varias estaciones para transportarnos de un autobús a otro pero no tengo recuerdo de todos. También tuvimos varias paradas para comer en varias ocasiones . Ya de dos días y medio en camino por fin llegamos a Seattle , Washington estaba a unas horas de nuestros destino.

Cuando por fin llegamos ala ciudad de Mount Vermont, Washington fue una tarde lluviosa donde nos estaban esperando nuestros primos. Llegamos a su casa donde ellos se hospedaban. pasaríamos la noche allí.

Al día siguiente nos llevarían al pueblito de Conway, Washington a unos diez o quince minutos, cercas de su casa donde nos quedaríamos por cinco meses, estar aquí los dos solos sin nuestra familia en ese lugar nos hacia sentir raros. El tenia la edad 17 y yo 19.

Nos hospedamos junto una familia que no conocíamos y un señor que lo apodamos compadre, el fue que nos llevaba al trabajo ya que no teníamos en que movernos. Era una casa de dos pisos y nosotros estábamos en el área de arriba cada quien tenia su propia habitación.

Al otro día mi prima nos llevo de compras para comprar comida y las herramientas que necesitaríamos para cuando empezaremos a trabajar. Después de varios días empezamos a trabajar. cada mañana nos levantábamos 5:30am, la mañana era fría y un poco húmeda. El clima era agradable para mi. Por que de vivir un lugar muy caliente como lo es Texas pues mejor allí.

Aparte por que amo el invierno. Había varios cuadrillas que venia del valle de Texas a trabajar y a veces se juntaban para festejar cumpleaños o solo para pasar un buen rato.

Después cuando termino la temporada de brócoli empezamos a trabajar en la bodega en la papa y cada fin de semana cuando no teníamos trabajo me encantaban por que mi prima nos llevaba a comer y de compras y a recorrer varios pueblos a ver las bellezas de esos lugares.

Quien a ido a Washington sabe que es un lugar muy hermoso para visitar. Y a veces asistíamos a convivimos que realizaban los amigos de mis primos. Después de dos meses asistimos a un convivió donde conocí a un jovencito llamado Frank de mi misma edad tenia 19 años era amable, simpático y muy gentil. Pero sabemos que cuando traemos heridas de nuestra infancia o pasado sin resolver. Se nos hace difícil mantener una relación buena y sana. Cuando no tiene estabilidad emocional y estas herida y enferma emocionalmente solo puedes herir y enfermar, damos lo que somos y tenemos.

Empezamos hablar por varios días formando una bonita amistad. Me ponía muy nerviosa cuando estaba a su lado seria por que jamas imaginaba conocer a alguien mas. Me sentía rara, pasamos días conociéndonos, formando una relación como novios, aunque no tenia mucho tiempo que había terminado mi noviazgo anterior, no había sanado y tampoco había terminado mi duelo para poder empezar otra relación, no estaba lista todavía. Pero como quiera decidí estar con el.

Por que era muy atento, caballeroso y muy romántico eso me encantaba.

Pasábamos momento muy bonitos todo iba marchando muy bien estábamos enamorados como cuando empiezas una relación sentimental.

Estábamos muy jovencitos no veíamos con claridad ni pensábamos en que podría pasar solo queríamos disfrutar de nuestra compañía. Los últimos dos meses que nos quedaban en esta cuidad los disfrutamos a lo máximo visitando lugares increíbles.

Era como un sueño. Faltaba poco para venirnos para el Valle de Texas y la verdad yo no quería regresarme, era muy difícil para mi, ya me había impuesto a este lugar, era hermoso me da tranquilidad y paz era otro ambiente ¿o quizás era por lo que había vivido atrás? y aquí sentía calma. Algo me decía en mi interior que si regresaba todo cambiaria no sabia que, pero tenia un presentimiento.

Llegamos a casa desempacamos mis padres y familia estaban muy contentos por vernos, no nos habíamos visto durante cinco meses. Cuando les conté a mis padres de mi relación con Frank no estaban de acuerdo. No se, si por que en mi relación anterior no la había pasado muy bien y tenían miedo que volvieran a herirme. Me relacionaba bien con mi papa y mi mama pero jamas tuve una conexión emocional con ellos. Así que no les hice caso, manteniendo contacto con Frank.

Pasaron dos semanas mis papas fueron ala casa de Frank por que cuando nos vinimos de Washington el me ayudo con unas cosas por que ya nos cabían en la camioneta de mis primos. Frank me contó que cuando mi padre lo miro le dejo muy claro que ya no quería que estuviera en contacto conmigo. ¿Pero no entendía claro por que no quería que estuviera con el si no lo conocían, no se habían dado la oportunidad de hacerlo?

La presión de mis padres fue complicando nuestra relación no podía mirarlo solo hablaba con el a escondidas por teléfono poco a poco nos fuimos contactando menos. No sabia que hacer me frustraba mucho. Quería estar con el pero me sentía entre la espada y la pared y un día decidí mentirle para que se alejara de mi pero no pensé en que podía herir sus sentimiento mi frustración no me dejaba pensar claro. Lo herí varias veces no entendía como podría herir a alguien que realmente me demostraba siempre cuanto me amaba y corresponderle de esa manera se que no estuvo bien pero que esperaba de mi solo tenia heridas y es lo que le podía dar era una jovencita inmadura e indecisa con un autoestima muy baja aunque mi apariencia era hermosa no lo podía ver.

No podía ver mi valor, por mas que yo me esforzara me sentía menos. Frank tenia su estilo y era muy apuesto, venia de una buena familia eso también influyo mucho de no relacionarme dudando siempre. Sentí que no lo merecía y de estar con alguien que realmente me amaba. No podía ver mi inmadurez y no estar bien emocionalmente me cegó. Por lo que no pude tomar una buena decisión y estar con el.

Te platico esta historia por que creo que es muy necesario y fundamental tener salud emocional, si no vivirás un circulo vicioso aceptando parejas enfermas emocionalmente igual que tu y se te hará difícil aceptar un buen amor y un buen trato por que estarás acostumbrada tanto a esa manera de recibir amor y creerás que es lo que te mereces.

Los padres y hijos hoy en día necesitan urgentemente salud emocional para que sus hijos pueden tomar buenas decisiones en la vida y ellos pueden acompañarles de una manera sana.

Yo no culpo a mis padres por lo que yo viví si no que los comprendo y entiendo a cada uno por la historia de su pasado solo se que ellos nos ayudaron y amaron como ellos fueron enseñados y amados.

Soy consciente de que a mi edad, ahora soy responsable de mi estado de salud emocional. No culpo a nadie; pero tengo conciencia sobre esto y se que es importante para que yo pueda relacionarme mejor conmigo misma y los demás.

Un corazón renovado

CAPÍTULO 5

"Tener Conflictos Internos No Resueltos, Te Llevara A Tener Conflicto Con Los De Mas"

CONFLICTO CONMIGO MISMA

En el año del 2005 vivía junto a mi familia en la ciudad Edcouch Texas, todavía rentábamos en una casita verde de tres recamaras. En el 2006 compramos un solar y nuestra primer casa. En la ciudad de Elsa Texas

Mi padre Gustavo compro una mobile Home grande y cómoda. Nos llenaba de alegría que después de varios años rentando ya teníamos nuestra propia casa.

A la edad de 21 años empece a trabajar en un restaurante de comida mexicana. Me volví mas independiente tenia un bueno trabajo como mesera llevaba una vida común. Amaba mi trabajo valerme por mi misma era muy importante para mi.

Apoyar a mis padres me llenaba de alegría poder ayudarlos con gastos del hogar me hacia sentir bien, mi padre en ese tiempo estaba trabajando lejos junto a mi hermano había dejado una van color café para transportarnos funciona bien solo tenia un detalle el vidrio de el copiloto estaba roto pase unos días tapándolo con una chaqueta impermeable durante los días de lluvia. Lo mantenía seco, a como pude lo arregle.

Yo era el único apoyo para mi madre en esos momentos con el tiempo fui tomando responsabilidades que no me correspondían. Me gustaba ayudar pero veces me sentía agotada. Me sobre cargaba. Sentir ese peso me llenaba de conflicto conmigo misma, queriendo escapar de mis rutinas empece a convivir con amistades con influencia no saludables explorando cosas diferentes ala que estaba acostumbrada queriendo encajar y ser aceptada por los demás.

Me llevo a tomar decisiones incorrecta. Los conflictos aparecían entre mas me relacionaba con personas equivocadas era desgastante.

Me reprochaba por que actuaba de esa manera no entendiendo mi forma de ser. No escuchaba mi voz interior si no me dejaba llevar por la influencia que me rodeaba. Tenia que hacer un cambio pero no podía, hasta que un día me paso una situación dolorosa marcando mi vida.

Estábamos conviviendo en la casa de "una amiga." Esa tarde un amigo que creía que era confiable me ofreció algo

para beber sin imaginar lo que pasaría
quede inconsciente no supe nada de mi.
Hasta el día siguiente al saber que
habían abusaron de mi persona fue ter-
rible y doloroso. ¿Por que tener que llegar a esa bajeza para aprovecharse de
una joven de esa manera. Tenia mucho
coraje no comprendía como podía ser
tan ingenua y confiar en personas que
solo querían aprovecharse de mi. Y lo
mas cruel fue que una mujer también
fue complice.

Desde ese día comprendí una cosa no
todo el que se dice llamar tu amigo significa que lo sea. Una amistad no es solo
de palabra o de pocas convivencia si no
que la amistad se construye con el tiempo.

No pude llenarme de valor y denunciar-
los ¿como pude pasar tremendo hecho?
No acordarme de nada era muy confuso.
Mi falta de madurez me llevo a ponerme
varias veces en peligro. Gracias a Dios
pude alejarme de esas persona definitivo.
No pude contarle a mi madre lo que me

había sucedido. ¿Quizás por vergüenza o temor? La tuve que pasar sola. Cuando estamos jovenes se nos hace fácil tomar decisiones sin pensar en las consecuencias. Nos queremos comer al mundo sin imaginar que cada decisión que tomemos sea buena o mala marcara nuestras vidas para siempre.

Tu joven si has pasado por un abuso sea sexual, emocional, o físico, nunca dudes en comunicarles a tus padres cualquier inquietud o situación que pases. Ellos son los únicos que podrán ayudarte en los momentos mas oscuros de tu vida.

Ellos nos aman incondicionalmente pero a veces por nuestra rebeldía o inmadurez no lo podemos ver. Y recuerda que cualquier falta de respeto hacia nuestra persona sin nuestra autorización tiene que ser denunciada a las autoridades no podemos seguir callando por miedo o vergüenza dejando pasar por alto esta clase de situaciones por mas mínima que sean.

———— Un corazón renovado ————

CAPÍTULO 6

"La Felicidad No Depende De Lo Exterior, Si No De Lo Que Hay En Tu Interior"

EN BUSCA DE LA FELICIDAD

A mis 22 años en el 2007 empece un ahorro económico con la finalidad de comprarme un carro. Cuando tuve lo suficiente comencé la búsqueda junto a mi padre. Cuando por fin lo encontramos estaba tan emocionada deseaba un auto como el que estaba a punto de comprar era un mustang negro 2000. Me sentía muy orgullosa de mi misma por ese logro.

En este tiempo ya tenia un trabajo diferente con un sueldo mejor mis finanzas iban mejorando disfrutando de todo lo que deseaba. Al parecer por mas cosas que obtuviera me sentía vacía e infeliz. Nada de lo que obtenía me llenaba de felicidad solo era momentánea. No encontraba satisfacción.

Los patrones mentales y la sociedad a veces nos enseñan a pensar de esta manera. Entre mas cosas obtenemos mas felices seremos pero no es verdad. Este mismo año mi ex pareja por el que había pasado una depresión me volvió a contactar, habíamos perdido el contacto pero repentinamente me contacto. Decidimos intentar una vez mas nuestra relación. No se que pasaba por mi cabeza, volvimos a estar juntos. El era asistente medico trabajaba en Elsa Texas en una pequeña clínica familiar.

Pasamos varios meses saliendo cuando me pidió matrimonio, me comprometí con el, el mes de Septiembre hicimos todo lo arreglos necesario para la boda. Fue una decisión difícil de tomar aunque mi mama me aconsejaba que no lo hiciera por que ella veía que nuestra relación no era saludable y estable no pude escucharla y me case en Febrero 2008.

Nuestra comunicación era fatal ya habíamos pasado por momentos difíciles donde había heridas de por medio. De igual manera aceptamos unirnos sin saber que nuestro matrimonio iba directo al fracaso.

Pensar que nuestra relación cambiaria al casarnos, fue un error! Solo duramos 6 meses juntos. Terminábamos y volvíamos a estar juntos varias veces, vivimos así durante tres años hasta que por fin en el 2011 definitivamente todo termino.

Cuando buscamos la felicidad en lugares equivocados jamas la encontraremos. No esta en cosas, ni en personas esta dentro de nosotros, en nuestro interior, pero es algo que se va aprendiendo en tu infancia. Cuando aprendemos a ser felices con nosotros primero, ya no andamos buscando la felicidad fuera.

Debemos Compartir nuestras alegrías con los que nos rodean. algo que se tiene que trabajar en nuestra persona con uno mismo para entender y comprender que todo empieza en mi.

"La Felicidad Verdadera No Esta En El Tener, Si No En El Ser."
Dr. Benjamín Sánchez

CAPÍTULO 7

UN ENCUENTRO
DE AMOR

En el 2012 a mis 27 años mi vida dio un giro por completo conociendo una persona muy especial para mi vida Jesús Guerrero.

Cuando solo teníamos seis meses de conocernos nuestra conexión y atracción fue tan grande que no dudamos en estar juntos.

Como me hablaba y sus lindos tratos y su forma de ser fueron enamorándome.

Su tierna mirada me cautivo. Era amoroso, tierno y muy comprensivo.

Pasaron los meses para ese tiempo ya estábamos formando nuestro propio hogar habíamos rentado un pequeño departamento en Alamo Texas.

Queríamos que nuestra familia creciera, deseábamos ser padres pero había un problema yo no podía concebir, realmente no sabia que pasaba con mi cuerpo. Obtuve un seguro y recurrí a una cita con una ginecóloga, cuando me dijo lo que tenia en mi vientre no podía creerlo! tenia un fibroma como el tamaño de una naranja.

¿Como? si jamas había experimentado ni un dolor o algo extraño en mi vientre para que yo me diera cuenta, pero no fue así solo no podía ser madre. Mi ginecóloga me dijo que si quería concebir tendría que pasar por una operación para poder extraer el fibroma entonces recurrimos a ese método . La operación fue un éxito. Con los cuidados de mi hermosa suegra y mi pareja me recupere

pronto. Después de tres meses de recu-
peración llego una hermosa noticia en
Octubre de ese mismo año estaba em-
barazada, no podía creerlo al igual que
mi pareja. Estábamos sorprendidos lo
que deseábamos tanto ya estaba dando
fruto pase un lindo y hermoso embarazo
mientras mi pancita crecía. A los 4 meses
rebelaron su sexo era niño estábamos felices!

En junio 11, 2013 di a luz un hermoso
hombrecito que por nombre di Jesus
Alexander fue por cesaría ,fue una experiencia tan hermosa tenerlo entre mis
brazos. Todo salió muy bien. ningún dolor sentí de lo emocionaba que estaba
solo no podía dejar de verlo, es idéntico
a su padre. Me encantaba escuchar su
delicada voz al llorar es tan hermoso ser
madre por primera vez es inexplicable.

Pasaron nueve meses y una tarde recibí
una llamada, era mi hermano Ezequiel.
El y su esposa Claudia nos invitaron a la
iglesia donde ellos asistían. Como no estábamos asistiendo a ninguna. Por lo

olvidarlo fue el año 2014. Ese día el pastor Alfredo Herrera hablo sobre un retiro que se iba a llevar acabo el fin de semana mi pareja y yo decidimos unirnos fue muy buena decisión. El retiro se llamaría "Nuevos Comienzos" y si que fue para mi un nuevo comienzo . Iba con una expectativa de recibir algo que por mucho tiempo estaba buscando.

El recibimiento por parte de la iglesia y de los lideres fue muy agradable, su amabilidad nos hizo sentir especial su forma de servirnos fue excelente . Cada comida fue exquisita   y deliciosa como si su preparación fuese hecho con tanto amor.

Tuve la mas maravillosa experiencia de mi vida. Por fin tuve un hermoso encuentro con mi creador paso algo inexplicable todo mi ser desde la cabeza a los pies fue tocado y transformado a travez del espíritu santo pude sentir ese abrazo tan lleno de amor y misericordia que a pesar de lo que había vivido en mi pasado el jamas me olvido. El estaba con los brazos abiertos esperándome que llegara a ese encuentro de amor que el había preparado especialmente para mi.

Caí rendida a sus pies dejándole todo lo que me agobiaba ese peso que no me dejaba avanzar por tanto tiempo. Perdono cada uno de mis pecados fui limpia , renovada y purificada. El fue el único que pudo ver mi corazón lastimado herido y por la necesidad que estaba pasando sin ver mi apariencia si no que miraba mi alma y ser. Todo lo que vivi

Esos tres días fueron inolvidable, llenándome de gozo y paz de esa que sobre pasa todo entendimiento. Me sentía desahogada y libre jamas fui igual salí restaurada y bendecida. Era otra persona por completo era un milagro, de esos que solo mi Dios y mi salvador hacen . Tu lector si no encuentras propósito a tu vida el esta esperándote no importa la situación por la que estas pasando el puede salvarte y alentarte dice su palabra.

"Por que Todo Aquel que Pide ,recibe; Y el que busca, halla; Y al que llama , se le habré."

Mateo 7:8

Así como el lo hizo conmigo lo puede hacer contigo. Los tiempos de Dios son perfectos y nunca es tarde para empezar de nuevo. El esta con los brazos abiertos esperando que le llames créeme el siempre llega a tiempo.

CAPÍTULO 8

INTIMIDAD

El 27 de octubre 2015 di a luz a mi segundo hijo era una hermosa niña que llame por nombre Dulce Cielo nuestra familia crecía un miembro mas se nos unía. Ahora necesitábamos otro lugar mas amplio y grande por ese motivo tuvimos que movernos a un departamento de dos recamaras en la cuidad de Elsa Texas.

Cuando Nos instalamos todo iba quedando como lo habíamos planeado teníamos mas comodidad y espacio. Vivir en este pueblito cerca de mis padres me agradaba. Por que mi madre siempre me aconsejaba de buscar a Dios profundamente.

Como olvidar cuando empece la búsqueda apasionadamente en este tiempo. Aún recuerdo los momentos que pasaba a solas con mi señor. Su dulce voz y su tierno amor fueron enamorándome cada día que pasaba a su lado, de una manera super especial.

De nuestra intimidad iba creciendo una hermosa relación viviendo mi primer amor. Por primera vez me sentí realmente amada y plena. Solo estar en comunión con el me llenaba. Mi dependencia era totalmente de el. Es tan bello como Dios va atrayéndote. Es inevitable no ser cautivada por su incomparable inmenso Amor.

La manera en la que el trabaja en nuestras vidas es incomprensible. Cuando eres elegido no hay nada que puede separarte de su amor. Era algo nuevo para mi sentirlo tan cerca me daba tranquilidad y paz algo que jamas había experimentado. Me guío y enseño como ir dejando todo lo que me estorbaba en mi caminar con el. Me hizo saber que nunca podría vivir apartada de su presencia y separada de ella nada podría hacer. Entonces profundice mas en su palabra cada mensaje es inspirador. Los salmos, Isaías, Job etc. Proverbios era uno libros de los que me encantaba leer y el que mas me apasionaba .

El Espíritu Santo me fue revelando cada escritura, iluminando mi mente y pensamientos dándome sabiduría divina y entendimiento de como vivir siempre en su voluntad. Mi hambre y sed de seguir aprendiendo no desaparecían fui desarrollando hábitos ayuno y oración abriendo puertas que por mucho tiempo estuvieron cerradas . Me uní a un grupo de mujeres que llevaba por nombre "la esposa que ora" me ayudo mucho relacionarme con ellas. Empezamos hacer el ayuno de Daniel así estuvimos por varios años. Dios fue haciendo cosas extraordinarias en mi vida. Ya no quedaba nada de esa mujer del pasado mi transformación se reflejaba en mi hogar y familia.

Pero no me conformaba con lo que veía sabia que había mas esa inquietud en mi corazón se que venia desde lo alto. ¿Me preguntaba es todo? Claro que no me contestaba yo misma. Se que Dios nos crea con un gran propósito y se que apenas estaba empezando conmigo. Fue abriendo mis ojos espirituales para que yo mirara en lo que tenia que trabajar me esperaba un largo camino y tenia que prepararme me fue llevando a otros lugares que no imaginaba no solo quería sanar mi corazón si no también mi alma. El señor nos dice en sus escrituras.

"Amado , yo deseo que tu seas prosperado en todas las cosas, y que tengas salud, así como prospera tu alma" 3 Juan 1:2

El nos ama como somos pero no quiere que nos quedemos como estamos el nos quiere llevar de en gloria en gloria. Y así mismo florezcamos en todas las áreas de nuestra vidas reflejándolo a el en todo lo que realicemos glorificando su santo nombre.

CAPÍTULO 9

SANANDO MI PASADO

Cuando aceptamos a Cristo como nuestro Señor y salvador pensamos que es todo lo que necesitamos para ganarnos la eternidad y la salvación. Pero no es así. ¿De verdad crees que seria todo? Sanar emocionalmente y seguir creciendo y aprendiendo es nuestra responsabilidad. Pero solo lo sabremos si estamos alineados a su voluntad, agarrados de su mano. Atrá vez del espíritu santo el podrá ir revelando poco a poco toda herida que necesita ser resuelta y sanada. para ir comprendiendo cual es su perfecta voluntad si no viviremos siempre a medias y frustrado y eso no es lo que queremos. Escuchando alguno de mi mentores el hermano David Hormachea dijo ¿como podemos hacer algo bien, si no tenemos el conocimiento de como hacerlo?

Entonces me dije, si quiero conocerme, ser mejor madre y esposa tengo que aprender como serlo. Tengo que prepararme y seguir estudiando. Empece asistir a un diplomado en 2018 en Eagles Internacional Christian University dirigida por el Doctor Benjamin Sanchez en San Juan Texas. En la iglesia CCLNE con el pastor Oziel Guzman y su esposa Rosario Guzman. Fue una de las mejores decisiones que he tomado a lo largo de este tiempo. Llegar a esta Universidad enriqueció mi vida, cuando los maestros compartían sabias enseñanzas y grandes conocimiento basados en la palabra de Dios. El se manifestaba en cada uno de los presentes. Era tan maravilloso como nuestro padre iba trabajando en cada corazón. En mi auto conocimiento descubrí que emocionalmente estaba enferma. Me di cuenta también que tenia heridas de mi infancia no resueltas. Ahora entendía por que había desarrollado la conducta de una niña buena.

Primero estaban los demás antes que ella y eso me marco mucho. Para no sentirse rechazada siempre tenia que agradar. Era insegura y dependiente.

Ir comprendiendo todo lo de mi pasado, resolviendo todos los conflictos internos era increíble. Conocí mi temperamento y mi lenguaje de amor comprendiéndome. Comencé a asistir a cada diplomado cada mes. Ir entendiendo esa mujer por que lo de sus actitudes, su reacción ante la vida o personas. Era asombro ver como mis pensamientos iban cambiando de una manera de pensar errónea, a una manera mas saludable.

Estaba desaprendiendo lo vivido para aprender de una manera razonable. Estaba por comenzar un camino de sanidad. Mis oraciones e intimidad con mi padre me estaban llevando a una mejor manera de vivir.

No solamente yo si no mi familia y hogar estaban experimentando mi transformación mental. Mi relación conmigo, mi auto cuidado iban mejorando.

Cada que asistía siempre traía una situación en mente por la que estaba pasando pero al final de cada clase salía con respuestas a lo que me inquietaba. Solo necesitaba procesar todo lo aprendido y ponerlo en práctica. Aunque tenia una relación con Dios no significa que no pasara por momentos difíciles.

El quiere que tengamos herramientas y estemos sanos para servirle de una manera mejor y eficaz sin dañarse a si mismo o a las personas a nuestro alrededor si no que podamos edificar todo el tiempo.

Por eso como creyentes debemos sanar nuestro pasado desarrollándonos y capacitarnos. Podríamos tener, amargura, resentimiento, falta de perdón, o estar pasando por una depresión sin imagina ese que todos estos problemas en el presente es por que no hemos resuelto y sanado nuestro pasado. Dañando nuestras relaciones interpersonales. Desarrollarse como persona y tomar estos diplomados, no solo te ayudaran a entenderte y a conocerte, si no que entiendes y puedes ver con otros ojos a los demás, desarrollando empatía.

Hoy en día vamos por la vida juzgando y criticando en la manera como reacciona la demás gente sin entenderlos, pero como podríamos entenderlos si no nos entendemos a nosotros mismos y así no funciona todo empieza por uno mismo.

"Amaras a tu prójimo como a ti mismo"
Mateo 22:34

Los cristianos son juzgados con mayor juicio y nos preguntamos ¿pero por que son de esta manera, no deberían de ser mas amables y piadosos? pero lo que no sabemos es que ellos también tienen sus propias batallas. Espiritualmente viven conforme a alas escrituras y como Dios les manda pero emocionalmente están enfermos. Y nos damos cuenta por que en la iglesia se relacionan de una manera diferente y en el hogar de otra manera. Ser espirituales es tener una relación con Dios intima, tener fe y esperanza . El alma son nuestra mente, voluntad y emociones. Y si el espíritu y alma no están alineados afectara nuestra relación con Dios. Es fundamental que lo estén.

"El sana los quebrantados de corazón y venda sus heridas"
Salmos 147:3

CAPÍTULO 10

"Decidir no perdonar nos hace daño a nosotros mismos, pero perdonar es aliviador"

PERDONANDO

Perdonar o pedir perdón no es una tarea fácil si no un camino difícil. Cuando estamos muy heridos o llenos de resentimiento es imposible que podamos llegar al perdón y ala reconciliación. Por que a veces esperamos que los demás den el primer paso para disculparse o para pedir perdón. Sabemos que eso nunca pasara, a lo mejor por que ellos están esperando también lo mismo de nosotros, o algunas veces no nos damos cuenta de la ofensa o por que solo no queremos, no sentimos ese deseo de hacerlo. El perdón requiere de valentía y voluntad para llegar ala reconciliación. Estar atrapado en la falta de perdón y venganza es algo tóxico y enfermizo que roba la paz y envenena tu alma es como si todavía vivieras en tu pasado estancándote sin poder avanzar .

A veces sin querer vamos ofendiendo a mucha gente a nuestro alrededor generando dolor y sufrimiento. El dolor no deja mirar con claridad si no que nos ciega de odio y rencor. Los rencores nos esclavizan y lastiman todo nuestro interior acarreando amargura y dolor en nuestra alma enfermando todo nuestro cuerpo. Dios manda a que perdonemos a quien nos ofendió para que el nos pueda perdonar. Si supiéramos lo que pasa cuando perdonamos! Nos liberamos del pesar que cargamos por que nos beneficia mas a nosotros que al ofensor. Yo no sabia que vivía con falta de perdón y resentimiento hacía mi misma , mis padres y mi ex pareja. Entender eso fue complicado por que no fue un proceso fácil si no difícil. Tenia mucho tiempo cargando con mucho dolor resentimiento que yo ignoraba pero gracias a Dios pude ver con claridad. Por que solo perdonando dejando todo en el pasado atrás iba a poder vivir en una verdadera libertad y gozo . Perdonarme a mi misma fue unos de los momentos mas nostálgicos que pase.

Cuando me pedí perdón a mi misma reconciliándome con mi interior, me abrace tan fuerte como pude y diciéndome te perdono Dulce por no haberte cuidado, respetado y valorado como debería ,por no ponerte siempre como prioridad te amo y te acepto tal como eres. Es muy sanador y aliviador cuando uno hace las paces con uno mismo desprendiéndote de todo lo que no nece-

perdonar si no a mis padres Yo creía que no tenia que perdonarlos pero resulto que si para llegar ser una buena madre para mis hijos tenia que viajar hasta el pasado cuando fui niña para que pudiera saldar toda cuenta que tuviera con ellos. Llegar a la casa de mis padres y pedirles perdón y decirles que los perdonaba genero un gran alivio a mi alma. Decirles que me perdonaran también a mi, por si alguna vez los herir y ofendí, cuando los abrace, sus abrazos eran llenos de amor y cariño, fueron reparando y restaurando todo mi ser, es hermoso como con una sola palabra puedes enmendar tantas cosas en nuestro interior. Mi ex pareja fue una de las persona que necesitaba perdonar también pero mi orgullo se interpuso para que no lo perdonara, diciéndome a mi misma. ¿ por que yo si el fue el que mi hirió? Aplazando mas el tiempo en perdonarlo solo el espíritu santo me hizo ver lo que traía dentro en mi corazón, me guío y enseño lo que tenia que hacer . No fue fácil pero con Dios lo logre deje el orgullo y me humille. Diciéndole que lo perdonaba por todas las heridas que me había ocasionado, cuando somos jovenes herimos inconscientemente por nuestra falta de madurez. Pero no es razón para no pedir perdón. También le pedí perdón por todo lo que le hice, hiriéndolo.

Cuando uno toma la iniciativa en perdonar no imaginamos todo lo que se puede reparar con tan solo una decisión. El también me pidió perdón, llegamos a una reconciliación fue muy satisfactorio. Solo así pudimos avanzar sin mirar atrás , el por su lado y yo por el mio. Hoy en mi presente vivo con el perdón en la boca con mi amado esposo Jesus y con mis hijos y con los que me rodean por que se que podemos de alguna manera llegar a herir o ofender sin querer ,pero siempre estoy dispuesta a pedir perdón y a perdonar cualquier falta.

Un corazón renovado

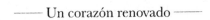

CAPÍTULO 11

APRENDIENDO AMAR A MI ESPOSO

Empezar una relación sentimental a una edad adecuada es emocionante. La creación divina fue hombre y mujer ser atraídos del uno al otro es inevitable y fenomenal. Cuando Dios puso en un profundo sueño a adán para crear a Eva de su costilla, imagino que estaba tan emocionado y feliz, los sentimientos que surgen al conocernos fueron puestos por el. Nos hizo a su imagen y por eso creo que el amor es lo mas hermoso que puede existir. Por que Dios es amor. Cuando estas en pareja los primeros encuentros, citas románticas, estar en cercanía con sexo opuesto nos llena de emoción y satisfacción.Y no podemos dejar de pensar en esa persona que empieza ser significativa en nuestra vida. Y es cuando El enamoramiento empieza, es una etapa tan bonita, todo vemos color de rosa y perfecto. Surgen los primeros meses de la relación dura entre 6 meses hasta 3 años en la mujer en el hombre entre 6 meses.

Nos gustaría que durara mas tiempo y jamas cambiara pero la verdad no es como la idealizamos. En febrero 14 del 2022 me case por el civil, llevábamos 9 años juntos. No nos habíamos podido casar por problema personales pero gracias a Dios lo hicimos. Deseamos tanto vivir como Dios mandaba. En abril 30 de ese año nos casamos por la iglesia en Christian Life Church. Fue un sueño hecho realidad para los dos. Aprender amar a mi esposo Jesus fue todo un reto para mi. en el enamoramiento lo vivimos muy emocionante, Mis primeros años a su lado y los momentos juntos eran encantadores. Con el transcurso del tiempo fuimos mirando nuestros fallas y defectos teniendo dificultades. las diferencias de gustos, personalidad ,temperamento y carácter iban asomándose con mas claridad.Estábamos conociendo lo que realmente éramos. Cuando pasábamos por momento dificiles le pedia a Dios que me ayudara con la frustración que a veces sentía por no entenderlo. Nunca le pedí que lo cambiara si no que me enseñara amarlo como el lo ama, verlo como el lo ve, por que mi amor era tan limitante pero su amor era inagotable sin limites. Esas oraciones ante el fueron ayudándome mucho.

Lo que ayudo también fue que estaba asistiendo a un diplomado en consejería familiar. Conocerme y entenderme primero a mi fue de mucha ayuda. Empece a conocer su temperamento para entender su forma de ser. Descubrí que su temperamento primario es flemático. imagínense un flemático y un sanguíneo juntos! Ya sabrán todo un campo de batalla, el decía blanco y yo negro. El es introvertido tranquilo, falto de energía, calmado , frio , confiable, y poco sociable. En cambio yo extrovertida acelerada. alegre, muy expresiva, cálida y sociable.

Como pueden ver somos todo lo opuesto. Ahora entendía por que era así. Entender a la pareja es fundamental. Es como podremos convivir en armonía formando una mejor comunicación asertiva.

El lenguaje de amor era otro concepto sobre el que tenia que aprender sobre mi esposo. Con el tiempo y la convivencia me e dado cuenta que su lenguaje primario es acto de servicio, ama que le prepare su café por la mañana o tarde dice que a mi me sale mas rico, ¿será eso o le encanta que le sirva? Le gusta también que le prepare panqueques y muy a menudo me dice que le cocine su comida favorita pasta verde con camarones. Palabras de afirmación es otro lenguaje de amor, le gusta que le exprese agradecimiento, y me pide mi opinión sobre su vestimenta la mayoría del tiempo y le gusta que le diga lo orgullosa que estoy de el. Son esos detalles que a veces pasan por desapercibidos y no creemos que sean importante pero lo son en gran manera para tener una mejor relación. No solo aprendi a conocerlo y amarlo si no que aprendi a sujetarme sabiamente a el respetándolo como cabeza del hogar. Cuando una mujer obedece a Dios cumpliendo con sus mandatos y el hombre ama a su esposa el derrama de su bendición en el matrimonio.

Juntos hemos aprendido uno del otro como amarnos y comunicarnos y de como servir a Dios cada vez mejor. Eso es lo que nos a ayudado a llevar 11 años juntos. El amor verdadero consiste y empieza cuando a pesar de los errores y diferencias decides aceptar ala persona amada tal como es. Amas sus virtudes pero también sus defectos. Sin olvidar que DIOS siempre tiene que ser el centro en la relación, solo el nos ayudara a tener un matrimonio amoroso, comprensivo y exitoso.

De la costilla que le había quitado al hombre, Dios el señor hizo una mujer y se la presentó al hombre , el cual exclamó: <<Esta si es hueso de mi huesos y carne de mi carne. Se llamara "mujer" por que de el fue sacada>>. Por eso el hombre deja a su padre y a su madre, y se une a su mujer, y los dos se funden en un solo ser. Génesis 2:22-24

No me alcanza las palabras para expresar lo extraordinario y especial que eres. Eres tan único y autentico. Tu sonrisa me alegra aun mas mi vida. Tu tierna mirada y esos ojos me enloquecen de amor al solo verme. No eres tan expresivo, pero con tus hechos me sorprendes, eso es lo que amo tanto de ti. Esa forma de hacerme sentir tan afortunada de tenerte solo para mi.

Eres un hombre sorprendente y lo mejor de mi vida. Si tuviera que definirte en una sola palabra te describiera "Mi Hogar" por que es allí a tu lado donde me encuentro y donde siempre quiero estar. Donde tu protección me a ropa no solo mi cuerpo si no mi alma también. Amo esa forma de abrazarme tan cálida y llena de cariño que estremeces mi ser, dándome paz y tranquilidad. Gracias por llenar mi vida de luz, armonía y amor. Eres un ser mágico. Tu dulzura me derrite como un chocolate en mi paladar. Te amo y creo que necesito otro corazón mas grande por que en el que tengo no cabe todo lo que siento por ti.

Por que no es un amor de este mundo es un amor divino e infinito y donde siempre quiero estar.

CAPÍTULO 12

CRIANDO CON AMOR Y CUIDADO

Cuando vamos formando nuestra familia y llegan nuestros hijos. No vienen con instrucciones de como vivir con ellos ni como alimentarlos y educarlos si no tendemos a criarlos como nos enseñaron y aprendimos. Pero imagínate si tuviste una familia disfuncional donde tuviste una niñez difícil. Solo había gritos, maltratos, falta de respeto donde tus emociones o tu palabra no contaba o no era importante. Te pregunto ?Crees que será sano criar de esta manera? claro que no. ?habrá otra manera de criar? que crees tu? yo creo que si.

Quizás nuestro padres por falta de dinero o tiempo o por tener demasiados hijos no pudieron prepararse como padres pero hoy en día sabemos que hay mucha información sobre como criar un niño sano y prospero. Yo tengo dos hermosos hijos Jesus Alexander Guerrero de 10 años y Dulce Cielo Guerrero de 7 años son una enorme bendición llegaron a cambiar mi vida por completo. Ellos fueron los que me animaron y motivaron a seguir creciendo y aprendiendo para hacer todo con excelencia. Llegando ala comprensión que eran totalmente diferentes.

Déjame te cuento lo que nos ha ayudado a mi esposo Jesus y a mi a no herir a mis hijos en algunas áreas, te digo algunas áreas por que aunque uno no quiera herirlos lo vamos hacer de alguna manera o otra y es allí donde ellos tendrán que luchar sus propias batallas y trabajar en ellos mismo. Cuando mis hijos nacieron yo Tenia un pensamiento que seria una gran madre pero el cansancio a veces nos hacen reacción de una manera inadecuada ante ellos, hiriendo sus sentimiento o su persona guardándonos resentimiento en sus corazoncito recordemos que ellos perciben la vida diferente ala de un adulto y es allí donde siempre trato de pedirles perdón para que ellos también aprendan que cuando fallen tienen que pedir perdón.

A poco no les a pasado o solo a mi que cuando pasamos por una situación donde ellos hacen algo incorrecto o no quieren obedecer los disciplinamos o los regañamos generando un sentimiento de culpa hacia nosotras haciéndonos sentir las peores madres del mundo. Esos fue lo que me llevo a comprarme varios libros y a prepararme. como les conté en algunos capítulos anteriores pase por un proceso donde sane mi vida interior.

Gracia a ellos puede tomar conciencia a tiempo en el momento de ir formando y criando a mi hijos algunos de los libros que compre fue el "los 5 lenguaje del amor de los niños" escrito por el hermano Gary Chapman este libro me mostró cual era el lenguaje que tenia cada uno.

Ayudándome a cubrir la necesidad de cada uno, llenando sus tanques emocionales de amor. Como a Jesus mi hijo mayor su lenguaje primario es tiempo de calidad por que le encanta que juegue con el, ala gallina ciega o juegos de mesa también me invita que lo acompañe a ver un película. Su segundo lenguaje es palabras de afirmación por que le gusta que lo elogie cuando logra algo y cuando se viste me pregunta si se bien.

A mi niña dulce su lenguaje primario es contacto físico, le encanta sentarse en mis piernas y recostarse a mi lado todo el tiempo. Le gusta que la abrase y que

la agarre a   besos. Lenguaje secundario
son regalos le gusta que le regale cartitas

Jesús

expresándole mi amor y las atesora. pin-
ta muchos dibujos regalándomelos y a
veces me pide que le   prepare pastelitos
para sus amigas de la escuela. Hablar el
lenguaje de tus hijos es muy importante
de esta manera ellos podrán reaccionar
de una mejor manera ante nosotros
como padres.   De no ser así cuando los
tanques emocionales   de amor de nue-

stros hijos no son suplidos en la infancia tendrán un comportamiento inadecuado. Otro libro que compre fue el de El Manual del Temperamento escrito por TIM LAHAYE.

El temperamento también es factor necesario para saber y comprender el por que son así. El temperamento primario de Jesus es sanguíneo me identifico tanto con el. Como no si yo se lo herede, gracias a que tengo conocimiento sobre este temperamento puedo ayudarlo a fortalecer sus debilidades. De

Dulce el temperamento primario es flemático es el mismo temperamento que tiene su padre. Agradesco a Dios y ala vida por haber tenido comprensión a este temperamento. De no haber sido así hubiera herido tanto a mi hija. Comprender que no tenia que ser como yo deseaba que fuera. Si no que entendí que era diferente a mi. Entendiendo su forma de ser. Como padres yo se que podemos aprender a conocer mejor a nuestros hijos para poder crialos sabiamente de la mejor manera posible llenándolos de amor y cuidados para que ellos puedan vivir una vida prospera. Tenemos que armarnos de valor luchando por ellos preparándonos. Para que la sociedad influya lo menos posible en ellos, formándolos con buenos principios y valores.

Los hijos son una herencia del Señor, los frutos del vientre son una recompensa. Como flechas en las manos del guerrero son los hijos

*de la juventud. Dichosos los que llenan su
aljaba con esta clase de flechas.*
Salmos 127:35

Los hijos Es la empresa mas importante
y nuestro mayor propósito como padres
es donde necesitamos invertir demasiado
tiempo amor y cuidado

●————————————●

CAPÍTULO 13

BELLEZA INTERIOR

Hoy en día, la sociedad y la cultura juegan un papel muy fuerte en cuanto a la belleza de la mujer. Nos han metido en nuestra mente haciéndonos creer que la belleza esta en como nos vemos exteriormente. Nos bombardean todo el tiempo. Con programas de televisor, en revistas demostrándonos que la verdadera belleza esta en nuestra apariencia. Estoy de acuerdo que es necesario y importante

cuidar nuestra apariencia y vernos bien
por supuesto, no podemos descuidarnos.
Pero no es lo mas importante. Si no que
la verdadera belleza reside en nuestro
interior. La belleza interior es un térmi-
no que se refiere ala belleza que proviene
dentro de una persona. Se trata de cualidades como la amabilidad, la com-
pasión, la humildad y la inteligencia
emocional. A diferencia de la belleza ex-
terna, se basa ala apariencia física, la
belleza interior es algo que se desarrolla
y cultiva a lo largo de tiempo. Es importante recordad que la belleza interior es
lo que realmente importa y puede tener
un impacto duradero en las relaciones y
la felicidad personal. De nada nos sirve,
si tenemos una hermosa cara y un buen
cuerpo si nuestras actitudes son de personas arrogantes, orgullosas, prepotentes
y sin humildad, arruinara nuestra apariencia y belleza exterior. Por que todo
empieza desde adentro así fuera.

"El corazón alegre hermosea el rostro, mas por el dolor del corazón el espíritu se abate."

Proverbios 15:13

Entonces Enfoquemos en trabajar nuestra verdadera belleza. ¿Como esta nuestro corazón? Tenemos alegría, satisfacción o vives en conflicto interno, tienes tristeza, resentimiento, enojo, ansiedad, o critica.

Recordemos que para tener un aspecto bello, tenemos que ser feliz. Si quieres reflejar esta verdadera belleza, te invito a que le pidas al único que te ayudara a lograrlo DIOS. Si dejas que a travez de su amor y su espíritu santo moldee tu carácter, brotaran hermosas cualidades.

Un corazón renovado

CAPÍTULO 14

"No Dependo DE Lo Que Vivo, Por Que No Vivo De Lo Que Veo, Si No De Lo Que No Veo Y Creo"

PLENA EN DIOS

Vivir confiada con esperanza, amor y fe es un regalo que hoy puedo atesorar. Vivir de esta manera es grandioso. Tu eliges como quieres vivir, con una vida plena o una vida vacía sin propósito. Escoger una vida plena en Dios es la mejor decisión que puedes tomar hoy. La plenitud solo llega de la mano de el. Vivir para el trae satisfacción a tu vida. Llevándote a otra manera de vivir, caminado asía lo mas alto y grandioso que jamas pudieras imaginar. Yo decidí y elegí sanar, crecer aprender, saliendo mi zona de confort. Aferrándome a creer en las promesas escritas por mi padre celestial, venciendo mis miedos, enfrentando la vida y el por venir con seguridad donde encontré mi plenitud total. Si yo me hubiera dejado manejar por mis miedos inseguridades jamas estaría donde estoy ahora . Lo que pasa por nuestra mente dominara nuestros pensamientos plantemos pensamientos de grandeza, superación, de realización y éxito no dejemos de mirar hacia adelante con entusiasmo por que vendrán grandes oportunidades donde podrás volar asta lo mas alto a un sin alas, lograremos grandes metas y sueños.

"Por que cual es su pensamiento en su corazón, tal es." **Proverbios 23:7**

Eres lo que piensas. Entonces atrévete a a soñar con una mejor manera de vivir. Tener una visión y misión de lo que quieres te llevara a tomar acción para ser cambios en tu vida. Solo así podrás lograr lo inalcanzable. Nunca dejemos de Caminar y aprender por que en el camino encontraremos nuestro propósito y destino. Aprendemos a mirar con los ojos de Dios el desea que prosperemos en todas las áreas de nuestras vidas, espiritual ,emocional, económica, en todo. Por que el es el dueño del universo entonces apodérate de todo lo que es tuyo también. Inténtalo, Solo es una decisión que cambiara tu vida para siempre. A veces la mayoría de la gente tiene miedos y eso los paraliza a tomar acción, tener miedo es algo humano y normal, esta bien, hacer algo diferente a lo que estamos acostumbrados hacer nos asusta y es valido pero dejar que se apodere de nosotros no lo es. No nos deja avanzar, confía en ti y los miedos morirán. Llevándote al mayor éxito de tu vida. Deja que Dios tome el control de tu vida y que sea tu guía, en el estarás confiado y seguro donde veras la gloria manifestarse en ti en cada paso que des el estará a tu lado enfrentado cada obstáculo, derrumbando todo gigante que quiera derrumbarte. Donde podrás tener grandes victorias. Si nuestro enfoque es claro y definido lo lograremos. ¿Quieres tener una vida plena, satisfactoria? Es hora de tomar el valor e iniciativa para cambiar, para que vivas una vida extraordinaria. Te animo que des un salto de fe. No dependas de lo que ves, que lo mejor esta adelante esperándote.

CAPÍTULO 15

*"Ser Renovado Por Dios, Te Dará Una Vida,
Satisfecha Y Feliz"*

MUJER
RENOVADA

Hoy quiero compartir contigo, de pasar por tiempos difíciles y dolorosos en mi pasado. Hoy en día estoy gozando de una vida de maravillas que Dios a hecho en mi esposo e hijos y en todo mi hogar. Me fue llevando de gloria y en gloria desbordando toda su gracia y perdón sobre mi, sanándome de todas mis heridas, lavando y perdonando todos mi pecados, libertando todo mi ser, haciendo de mi una nueva criatura, transformó mi manera de vivir y de pensar. Yo sabia que había una mejor manera de vivir dentro de mi estaba esa pasión por saber y descubrir el propósito por el cual había venido a este mundo. Al descubrir mi propósito me di cuenta que cuando tu vives en comunión con DIOS. El se manifiesta en todo lo que realices. Estar en su propósito es un regalo del cielo por que puedes ver con claridad que estás en su perfecto plan . Te puedo decir que estoy viviendo la mejor etapa de mi vida. Sigo estudiando y preparándome, por que mi pensar es que nunca quiero dejar de aprender y de crecer hasta que sea viejita. Siempre hay algo nuevo que aprender y nunca dejare de hacerlo. Disfruto cada momento que vivo, Me siento una mujer sana, renovada, realizada, plena y feliz . Hoy lo puedo decir con tanta seguridad. Me a dado tantos deseos de mi corazón que jamas pensé que me daría . Estoy en total agradecimiento con el. Por que de vivir un pasador doloroso hoy te puedo decir que vivo un presente victorioso.

Eso no significa que no pase por momento difíciles, pero déjame decirte cuando tu depositas toda tu confianza en aquel todo poderoso jamas serás decepcionada. Podrás pasar por días inciertos y difíciles pero su palabra alumbrara tu camino dándote las fuerzas como la de un búfalo para que puedas seguir avanzando hacia tu propósito. EL tiene un hermoso plan para tu vida, solo necesitas buscarle con todo tu corazón genuinamente y el escuchara tu voz y clamor. Les comparto este pequeño pensamiento inspirado por mi Dios escrito desde el fondo de mi interior cuando pasaba por momentos difíciles, Dios hablaba a mi vida y corazón para que no me inquietara y tuviera tranquila a pesar de mis circunstancias.

CONFIA EN MI

*Solamente en mi encontraras refugio para tu
alma y paz para tu ser.*

Solamente yo cuidare de tu vida y de los tuyos.

*Confía, niña de mis ojos en mi alas y abrazos
estarás segura.*

*No te desanimes, mi fortaleza traerá gozo a tu
vida para que en las pequeñas cosas, veas que
allí estoy yo también.*

*En mi amor y misericordia estarás confiada,
llena de esperanza y fe por que mi amor cubre
multitud de pecados. Mi misericordia y gracia
es tan amplia y grande que cada mañana podrás
empezar de nuevo.*

Escrito POR: *Dulce Guerrero*

"Las Dificultades Preparan A Personas Comunes Para Destinos Extraordinarios."

C.S LEWIS

"Sana tu pasado
dejando todo
atras Para que
puedas avanzar.
Emprendamos un
viaje hacia un
futuro excepcional
sin dejar de
confiar. Donde
podemos todos
nuestros sueños
alcanzar. Soñemos
con Pasion,
cargando maletas
con metas e
ilusion. Y alfinal
diremos valio la
pena luchar con
todo el corazón
logrando ser un
ganador."

Agradesco al patrocinador por su generosa donación, apoyando a lograr este sueño.

Made in the USA
Monee, IL
16 October 2023

44695759R00066